BIG MACHINES
LES GROSSES MACHINES

BIG TRACTORS LES GROS TRACTEURS

Written by/Auteur : Sebastian Smith

TABLE OF CONTENTS

Big Tractors 3
Glossary 23
Index 23

TABLE DES MATIÈRES

Les gros tracteurs 3
Glossaire 23
Index 23

A Crabtree Seedlings Book
Un livre de la collection Les jeunes plantes de Crabtree

Crabtree Publishing
crabtreebooks.com

Big Tractors

Tractors are big machines.

Les gros tracteurs

Les tracteurs sont de grosses machines.

People use tractors to do work.

Les gens utilisent des tracteurs pour faire des travaux.

INTERNATIONAL

Farmers could not farm today without big, powerful tractors.

Les **agriculteurs** ne pourraient pas cultiver sans ces gros tracteurs puissants.

engine
moteur

Tractors have big **engines**.
Les tracteurs ont de gros **moteurs**.

Tractor Tire
Pneu de tracteur
Car Tire
Pneu de voiture

Big tires help tractors move through mud, snow, and water.

Les gros pneus aident les tracteurs à se déplacer dans la boue, la neige et l’eau.

Big tires and big engines help tractors pull **heavy** things.

Les gros pneus et les gros moteurs aident les tracteurs à tirer des choses **lourdes**.

Tractors can also pull very **wide** things.

Les tracteurs peuvent aussi tirer des choses très **larges**.

Tractors are used for other jobs too! They move snow in the city.

Les tracteurs sont aussi utilisés pour d'autres travaux! Ils déplacent la neige dans la ville.

We use them to build roads and bridges.

Nous les utilisons pour construire des routes et des ponts.

Large mirrors,
for seeing behind you
Grands rétroviseurs,
pour voir derrière

Soft seats, for
sitting and working
long hours
Sièges mous,
pour s'asseoir et
travailler pendant
de longues heures

Large tires, so you
don't get stuck in mud
Gros pneus, pour ne pas
rester coincé dans la boue

High engine muffler, for going in water
Silencieux surélevé, pour aller dans l'eau

Large powerful engine, for pulling heavy loads
Moteur gros et puissant, pour tirer de lourdes charges

Powerful lights, for working at night
Phares puissants, pour travailler la nuit

Tractors are big, bad machines.

Les tracteurs sont de grosses et puissantes machines.

Glossary / Glossaire

engines (EN-juhnz): Engines use fuel to create the power to make machines move.
moteurs (mo-teur) : Les moteurs utilisent de l'essence pour créer l'énergie nécessaire pour faire avancer les machines.

farmers (FARM-urz) : Farmers are people who grow crops or raise cattle.
agriculteurs (a-gri-cul-teur) : Les agriculteurs sont des gens qui font pousser des cultures ou élèvent des animaux.

heavy (HEV-ee): Heavy things weigh a lot.
lourdes (lour-de) : Les choses lourdes ont un énorme poids.

wide (WIDE): Wide things are long from side to side.
larges (lar-je) : Les choses larges sont longues de chaque côté.

Index

engines 8, 9, 13, 21
roads 19
snow 16
tires 10, 11, 13, 20
work 4

Index

moteurs 8, 9, 13, 21
neige 11, 16
pneus 10, 11, 13, 20
routes 19
travaux 4

School-to-Home Support for Caregivers and Teachers

This book helps children grow by letting them practice reading. Here are a few guiding questions to help the reader build his or her comprehension skills. Possible answers appear here in red.

Before Reading

- **What do I think this book is about?** *I think this book is about big tractors. I think this book is about farming.*
- **What do I want to learn about this topic?** *I want to learn how fast a tractor can go. I want to learn if tractors can be used in the city.*

During Reading

- **I wonder why...** *I wonder why tractor tires are so big. I wonder why tractors have headlights.*
- **What have I learned so far?** *I have learned that tractors can be used to move snow. I have learned that tractors can be used to help build roads.*

After Reading

- **What details did I learn about this topic?** *I have learned that tractors have soft seats for sitting and working long hours. I have learned that tractors have large tires so they don't get stuck in the mud.*
- **Read the book again and look for the vocabulary words.** *I see the word **engines** on page 9, and the word **farmers** on page 7. The other glossary words are found on page 23.*

Soutien de l'école à la maison pour les parents, les gardiens et les enseignants

Ce livre aide les enfants à se développer grâce à la pratique de la lecture. Voici quelques exemples de questions pour aider le lecteur ou la lectrice à développer ses capacités de compréhension. Les suggestions de réponses sont indiquées en rouge.

Avant la lecture

- **De quoi ce livre parle-t-il?** *Je pense que ce livre parle des gros tracteurs. Je pense que ce livre parle de l'agriculture.*
- **Qu'est-ce que je veux apprendre sur ce sujet?** *Je veux savoir à quelle vitesse peuvent aller les tracteurs. Je veux savoir si les tracteurs peuvent être utilisés en ville.*

Pendant la lecture

- **Je me demande pourquoi...** *Je me demande pourquoi les pneus de tracteurs sont si gros. Je me demande pourquoi les tracteurs ont des phares.*
- **Qu'est-ce que j'ai appris jusqu'à présent?** *J'ai appris que les tracteurs peuvent être utilisés pour déplacer de la neige. J'ai appris que les tracteurs peuvent être utilisés pour aider à construire des routes.*

Après la lecture

- **Nomme quelques détails que tu as retenus.** *J'ai appris que les tracteurs ont des sièges mous pour s'asseoir et travailler pendant de longues heures. J'ai appris que les tracteurs ont de gros pneus pour ne pas rester coincés dans la boue.*
- **Lis le livre à nouveau et cherche les mots de vocabulaire.** *Je vois le mot **agriculteurs** à la page 7 et le mot **moteurs** à la page 9. Les autres mots du glossaire se trouvent à la page 23.*

Crabtree Publishing

crabtreebooks.com 800.387.7650

Hardcover	978-1-0398-6998-1
Paperback	978-1-0398-6986-8
Ebook (pdf)	978-1-0398-7010-9
Epub	978-1-0398-7022-2

Published in Canada
Publié au Canada
Crabtree Publishing
616 Welland Avenue
St. Catharines, Ontario
L2M 5V6

Published in the United States
Publié au États-Unis
Crabtree Publishing
347 Fifth Avenue
Suite 1402-145
New York, NY 10016

Written by/Autrice: Sebastian Smith
Translation/Traduction: Annie Evearts
Photo Credit/Photographies: istock.com, shutterstock.com, Cover: photoschmidt - Pg4-5; fotokostic, oticki - Pg6-7; elleon, ClarissaPainter --Pg8-9; Tofotografie, stefann11 - Pg10-11; lcs813, tntemerson - Pg12-13; Lubo Ivanko, valio84sl - Pg14-15; fotokostic - Pg16.17; Garry518, kordovsky - Pg18-19; Viktorcvetkovic, Shutterstock.com - Pg20-21; fotokost, valio84sl - Pg22-23; kamski

Printed in/Imprimé au Canada

Library and Archives Canada Cataloguing in Publication
Available at the Library and Archives Canada

Library of Congress Cataloging-in-Publication Data
Available at the Library of Congress